Qalb bahori

Turdiqulov Kamronbek

© Turdiqulov Kamronbek
Qalb bahori
by: Turdiqulov Kamronbek
Edition: July '2024
Publisher:
Taemeer Publications LLC (Michigan, USA / Hyderabad, India)

© **Turdiqulov Kamronbek**

Book	:	Qalb bahori
Author	:	Turdiqulov Kamronbek
Publisher	:	Taemeer Publications
Year	:	'2024
Pages	:	90
Title Design	:	*Taemeer Web Design*

Turdiqulov Kamronbek Muzaffar o'g'li (Komron Mirzo)

Surxondaryo viloyati Sherobod tumanida 2001-yil 30-martda tavallud topgan. Ayni damda Termiz davlat Universiteti Ijtimoiy fanlar fakulteti Amaliy psixologiya yo'nalishi talabasi. Serqirra ijodkor, shoir hamda bo'lajak o'z kasbining ustasi. Ilk ijodiy ishlari 2016-yil "Sinfdosh", "Gulxan" jurnallarida chop etilgan. Ayni kunda "O'zbakistonda ta'lim", "Smile" jurnallarida, "Ezgulik", "Bekajon plus" gazetalarida ijod ishlari ommaga taqdim etilgan. Bundan tashqari O'zbekiston hamda Qozog'iston hamkorligida tashkil etilgan "Qo'shqanot" ijodiy guruhining, Toshkentda faoliyat olib borayotgan "Mushoira" klubing to'laqonli a'zosi. Online hamda an'anaviy o'tkaziladigan ijodiy tanlovlarda faol qatnashib faxrli o'rinlarni olib kelmoqda. Shu bilan birga "Ilm fan-targ'ibotchisi" medali va "Xalqaro xizmatlari uchun" ko'krak nishoni sohibi.

1: Zamona oxirmi deymanda...

Yoshlari boʻlsa ham saksonda
Keksalar nosvoyi hamyonda
Turmaslar bomdodga azonda
Zamona oxirmi deymanda

Asramas farzandlar onasin
Bir chetga otishsa bolasin
Buyumdek qadri yo otasin
Zamona oxirmi deymanda

Koʻrsangiz benikoh beorlar
Ranjitib qalbingiz ozorlar
Insofni sotguvchi bozorlar
Zamona oxirmi deymanda

Yoqlamas yil oʻtsa qabriston
Óqilmas bir yilda bir Qurʼon
Qolmadi bizlarda hech iymon
Zamona oxirmi deymanda

Tongacha òz holi xotirjam
To peshin vaqtiki olgay dam
Uyquda oʻtadi xufton ham
Zamona oxirmi deymanda

Beamal olimdir dahosi
Kufr-u shirk qilgan xatosi
Yolgʻondir chiqargan fatvosi
Zamona oxirmi deymanda

Odatiy hol boʻldi zinolar
Qulab tushdi iymonli binolar
Ochildi koʻz kabi siynalar

Zamona oxirmi deymanda

Erkaklar qizgʻonmas ayolin
Fahshdan tiyolmay xayolin
Taʼziyada oʻrashar roʻmolin
Zamona oxirmi deymanda

Kim oʻzar qurilsa saroylar
Peshvosiz yurishsa muridlar
Ustimizdan kulsa johillar
Zamona oxirmi deymanda

Nimalar orzusi har banda
Shohlikda davoli xonanda
Demakki "Navoiy" boʻbmanda
Zamona oxirmi deymanda

Namuncha noliysan ey Mirzo

Bòlmadi odobing hech raso

Mahsharda olmagin qòy jazo

Zamona oxirmi deymanda

2: Joynamozda jonimni olgin ey tangrim...

Bugun borman, erta yoqdirman balkim
Tushunmas so'zlarimni ham har kim
Qo'limda joynamoz dilimda takbir
Joynamozda jonimni olgin ey tangrim

Gunohim beadad poyoni yoqdir
Qulingman! isyonu fujurim ko'pdir
Bilaman, himmating adog'i yo'qdir
Joynamozda jonimni olgin ey tangrim

Aldanib dunyoning sayqallariga
Sevgida bemehr haykallariga
Kirganimda ajal paykallariga
Joynamozda jonimni olgin ey tangrim

Keltirmadim xayolga hech namozim

Ishqda masrur qoʻyib joʻshqin ovozim
Gunohlarim bosar savob tarozim
Joynamozda jonimni olgin ey tangrim

Namozim unutdir, boshda har balo
Iymonsiz dardlarim boʻldi bedavo
Deb oʻlay, sajdada, robbiyal aʼlo
Joynamozda jonimni olgin ey tangrim

Rózalar tutayin musulmon boʻlib
Qalbimga gavharu hidoyat tòlib
Qiyomatda Rasulim kaforat boʻlib
Joynamozda jonimni olgin ey tangrim

Alishsam arziydi mahshar vahmiga
Rohatin, dunyolar jirkanch zaxmiga
Telba Mirzo keltirmas hech ham fahmiga
Joynamozda jonimni olgin ey tangrim

3: Avvalo, Allohni tanigin bolam!

Jannatning kaliti iymon e'tiqod
Qalbingga ezgulik solsin-da hayot
Toparsan boqiyda ezgu saodat
Avvalo, Allohni tanigin bolam!

Òqib bo'lma mayli, ilmda obid
Mashhurkim alloma yoki muzohid
Islomda bo'lgin eng ulug' mujohid
Avvalo, Allohni tanigin bolam!

Talashib tortishma riyo uchun sen
Xizmat qil elingga ziyo uchun sen
Yaxshilik qil òg'lim Xudo uchun sen
Avvalo, Allohni tanigin bolam!

Mayli she'rlar yozma men kabi ash'or
Qilgan xatoyimni etmagin takror
Sevsin bandasimas, ul Parvardigor
Avvalo, Allohni tanigin bolam!

Hayotim sensan-ku umrim davomchim
Yetolmagan orzum, baxtim,kamolim
Fikring tiniq bo'lsin,toza zilolim
Robbingni tanigin avvalo bolam!

Nasib etsa Alloh fazl-u, karami
So'ndirmasa ijod ilhomim mani
Qori qilgum nasib bir kuni sani
Avvalo, Alifni tanigin bolam!

Oshno bo'lgin óqib ilm ahliga
Amal qilgin Islom dini farziga
Sayr etar ruhing jannat qasriga

Avvalo, qalbingni pok qilgin bolam!

Ey dòstlar,sizgamas yozgan bu baytim
Óg'limga onalik sózlarim bitdim
Mirzoni nidosin she'r qilib aytdim
Avvalo, òzliging tanigin bolam!

4: Sizni duo qilay keling, qadrdonim...

Yer-u samo borliq, yana olam haqqi
Kòzda qalqib turgan, durdek jolam haqqi
Dildan chiqqan samimiy, har nolam haqqi
Sizni duo qilay keling, qadrdonim...

Bomdod namoz o'qib, yana xuftongacha
Òtar bo'lsa umrim, toqadar shomgacha
Nasib etsa, kelasi shu Ramazongacha
Sizni duo qilay keling,qadrdonim...

Ta'lim bergan ota birlan onangizga
Nur-u iymon tòlib turgan qalbingizga
Alloh uchun borim tóshab poyingizga
Sizni duo qilay keling,qadrdonim...

Bemor kunim holim so'rab, ótingansiz
Mening birla, azoblarim yutingansiz
Qiyomatlik og'a- inim tutingansiz
Sizni duo qilay keling, qadrdonim...

Bu dunyoni zahmatlarin birga tortib
Kelgan balo-qazolarin ortga ortib
Yaratgandan so'rab, qayta yana qaytib
Sizni duo qilay keling, qadrdonim...

Mirzo emas, oddiygina G'ulom bo'lib
Rahmat tilab, ko'zlarimga yoshlar tòlib
O'tib ketgan, marhumlariz shamin yoqib
Sizni duo qilay keling, qadrdonim...

Sevganda sevgimga arzimaganlar

Bugun poyimda kamtar-u xokisor

Farishta misoli ma'sum beg'ubor

Ne sinoat bo'ldi bu Parvardigor

5: Shoir

Shoirga kerakmas, sharaf birla shon

Oliy mukofot-u,hech qanday unvon

Yetadi bersangiz ozgina imkon

Unga e'tibordir eng oliy unvon

Qarsaklar kerakmas,dab-daba bilan

E'tirof kerakmas, qah-qaha bilan

Baholar kerakmas, dag'-dag'a bilan.

Yetar e'tibor unga oliy unvon

Saroylar kerakmas ,xavotir olmang

Kulbasi bo'lsada ,òtadi kuni

Siz òylab nojo'ya xayolga bormang

Koshonasiz she'r bitib òtadi tuni.

Shoirga ortiqchasiz halal bermang
O'zin emas elni chorlar ziyoga
Bemani yoqmagan hech savol bermang
Ketib qolgan bo'lar boshqa dunyoga.

Shoirni bir tuni, ming azob gajir
Qo'lida kishandur ,oyoqda zanjir
Yaratgan beribdi qadaru taqdir
Shoirni tushinib bo'lmas baribir.

Puldan so'zlamang,adashib guldan
Mulozamat etmang g'iybatchi tildan
Gapiring mayliga ochiq kòngildan.
Shunda qaytar balki, òziga birdan

6: Juma bugun yur dostim.

Olib tanu-tahorat,
Topib azmu jasorat.
Gunohlarga kafforat,
Juma bugun yur dostim.

Tildan tashlab g'iybatni,
Olmoq istab rahmatni.
Xohlaysanmi jannatni,
Juma bugun yur dostim.

Savobni izlab chunon,
Keltir Tavhidu iymon.
Dunyodamiz mehmon,
Juma bugun yur dostim.

Haftada ulug' mehmon,

Siylayu rahm Rahmon.
Zanjirband nomi shayton,
Juma bugun yur dostim.

Xonaqohga marhabo,
Jamoatdan nur duo.
Qabul etguvchi Olloh,
Juma bugun yur dostim.

Hech bo'lmasa loaqal,
Oqi namoz bir mahal.
Imonga kelib sal pal,
Juma bugun yur dostim.

Qara qancha qabrlar,
Bunda sokin yoturlar.
Mahshar kunni kuturlar,
Juma bugun yur dostim.

Jumada yaraldi dunyo,
Bugun tugaydi goʻyo.
Hayoting boʻlmay roʻyo,
Juma bugun yur dostim.

Keltirdingmi shahodat,
Shunda maqbul ibodat.
Qara qanday jamoat,
Juma bugun yur dostim.

Balki oʻtgandir otang,
Yoki yotgandur onang.
Keldi navbat bizga ham,
Juma bugun yur dostim.

Chiqgin ibodat makon,
Savoling boʻlar oson.

Eshitarsan nur Qur'on,
Juma bugun yur dostim.

Har turlik ming masala,
Eshitgin qunt hafsala.
Sajda, Subhan, Rabbial a'la,
Juma bugun yur dostim.

Bir soat vaqting ketar,
Shusiz ham soat o'tar.
Boqiyda azob kutar,
Juma bugun yur dostim.

Topay desang halovat,
Amru ma'ruf rivoyat.
Taningga kuch himoyat,
Juma bugun yur dostim.

Kunlarning kunlik toji,

Shudur jannat me'roji.

Tòrt juma bitta hoji,

Ketdik juma yur dostim.

Unut shayton ablahni,

Yigʻla eslab doʻzaxni.

Mirzo òqir ,,QAHF"ni,

Juma bugun yur dostim.

7: Ortimdan ovora bo'lmang, odamlar!

Och qolsam yo yupin choʻlu-sahroda,
Yashasam dòzaxmi, arshu-a'loda.
Qolganda soʻzlarim qoʻshiq navoda,
Ortimdan ovora bòlmang,odamlar!.

Hayotim past- baland dovoni bisyor,
Toʻyib mast boʻlmadim mehrga bir bor.
Huzuriga chorlasa haq Parvardigor,
Ortimdan ovora boʻlmang, odamlar!.

Yo'qotdim nelarni ,topganim armon,
Topshirdim òrniga nafsimni vijdon.
Qo'yinglar òzgina keltiray imon,
Ortimdan ovora boʻlmang, odamlar.!.

Jumlalar tuzaman sòzdan turfa xil,

Yurakka sig'maydi hatto kichik qil.
Yozganim kelmasa sizlarga ma'qul,
Ortimdan ovora bo'lmang odamlar.

Xastalar yotishar boring ko'rgani,
Mazlumlar ijobat duo qilgani.
Mayli ko'tarmang tobutim mani,
Ortimdan ovora bòlmang odamlar!

Óqimang ta'ziya ,oqimang Qur'on,
Robbim ozi etsin,siylayu Rahmon.
Bo'lsam ham uyimda kunlik mehmon,
Ortimdan ovora bolmang, odamlar.!

She'rlarim yod olsa,kòhna Turkiston,
Adashmay turibman manzilga ishon.
Ketarman,ko'ringlar oxirgi makon,
Ortimdan ovora bolmang, odamlar!.

Yo'qlasangiz she'rimda nido bo'larman,
Mohiyatin anglang fido bo'larman.
Balki jannatda ham Mirzo bo'larman,
Ortimdan ovora bolmang, odamlar!.

8: Qiyomatga qo'ymagil qarzing...

Banda emas, Allohga arzing,

Tilab bajar vojibu farzing.

Yo'qsa bo'lar bedavo darding,

Qiyomatga qo'ymagil qarzing.

Hojimisan yoki bir imom,

Valiymisan avliyo tamom.

Hisob kunda ahvoling yomon,

Qiyomatga qo'ymagil qarzing.

Ilm o'rgan zotan oz ozdan,

Kulba qurma uy deb qog'ozdan.

Vaqti kelsa peshvo ustozdan,

Qiyomatga qo'ymagil qarzing.

Ustami u bo'lsaki tabib,

Giy'bat bo'lma turli shov shuvdan.

Hatto qabr qazgan gòrkovdan,

Qiyomatga qo'ymagil qarzing.

Senda bo'lsa gar kibru havo,

Manmanlikka bo'lsang mubtalo.

Oxiratda ahvoling rasvo,

Qiyomatga qo'ymagil qarzing.

Namoz, zakot ,mayliga ro'za,

Yo bandadan qarz puling bo'lsa.

Ishon hatto bir ignang qolsa,

Qiyomatga qo'ymagil qarzing.

Qiyomat kun to'laysan tayin,

Bilgin bo'lar bu farzi ayn.

Umring ketar kunlaring sayin,

Qiyomatga qo'ymagil qarzing.

Mirzo bo'lsa gar sening qarzing,

To'lab qo'ygin halol bir lavzing.

Yumilmasdan ochiqdir ko'zing,

Qiyomatga qo'ymagil qarzing.

9: .....ILTIJO......

Sarson bòldi orzular,
Endi paymol tuyg'ular.
Ag'yor holimga kular,
Quvvat ayla, Allohim,
O'zing yolg'iz panohim!

Tunu kunim sargardon,
Ibodatga yoq imkon.
Topmam osuda makon,
Muruvvat et, Allohim
Sendur hoqon panohim.

Bomdod vaqtimi xufton,
Yod etmas noming zabon.
O'zing Holiq, man nodon,
Hidoyat qil, Allohim,

Kechir osiy gunohim.!

Berib lavzu ham va'da,
Qilmay namozim kanda.
Etay bosh egib sajda,
Nazorat qil, Allohim,
Tan olay sajdagohim.

Mirzoga bergin tavfiq,
Bo'lsin o'zingga oshiq.
Islomga etgin muvofiq,
So'rayman sendan Alloh,
To qiyomat Maa Shaa Alloh.!!

10: Dunyo

Nega dunyo beshavqat?

Nega dunyo soxtadir?

Men qanday qilay toqat?

Qalbim qaro taxtadir

Bu dunyoning g'amidan

Charchadim barchasidan

Qiyo boqqim ham kelmas

Ehhh qalbim darchasidan

Qayga boqsam soxtalar

Bir birlarin maqtashib

Qo'yganlari paxtalar

Yolg'onlari qalashib

Eh afsus uvol zabon

G'iybatdan hech qolmaydi

Shaytonsifatlar hamon

Gunoh qilib tolmaydi

(Ikki o't orasida.

Qoldim nima bo'lyabdi.

Do'stlarimni it desam.

Itlar xafa bo'lyabdi.

Qachon ko'rgansan itlar.

G'iybat qilganin dedi.

O'zim uyalib qoldim .

It ning gapi rost edi.)

11: ILTIMOS BEZOVTA QILMANG!!!

Charchadim ig'vo-yu, tuhmatlardan,
Ojiz deb bilib, ustimdan kulmang.
Bas yetar, to'ydim siz nodonlardan,
Iltimos, meni bezovta qilmang!

Rosti charchadim men hammangizdan,
Bas! sevdim deya yolg'on so'ylamang.
To'yib ketdim, sizning nag'mangizdan,
Iltimos, meni bezovta qilmang!

Kerak emas, aslo yordamingiz,
Meni g'arib, o'zni sulton bilmang.
Bir ish qiling, tegar shu foydangiz,
Iltimos, meni bezovta qilmang!

Dunyoning yuki bukib qo'yganday,
Qaddimni men rostlay, menga tegmang.
Jonim ham bu dunyodan to'yganday,
Iltimos, meni bezovta qilmang!

12: Alloh sevsin, bandasi emas!

Sevganlarim sevgini demas,
Ishqida hor bo'lganim bilmas.
Qancha sevsam, sevay o'zingni,
Alloh sevsin, bandasi emas!

Qo'l-u oyoq yetti mucham but,
Kunim ham o'tar shod-u xushnud.
Majruhmasman, shukur yoxud,
Alloh sevsin, bandasi emas!

Mayli ochman yokida yupanch,
Dilim to'la alamdan
o'kinch.
Ammo uyqum osuda ham
tinch
Alloh sevsin, bandasi emas!

Pulim yoʻqdir yoki xazinam,
Roʻzgʻorimda uchrasa ham kam.
Siylamasa boʻldi jahannam...
Alloh sevsin, bandasi emas!

Shukur nonim yarimta yetar!
Koʻpi boʻlsa koʻrinmay ketar.
Oxiratda farishtam kutar,
Alloh sevsin, bandasi emas!

Qulingdirman ojiz bir banda,
Egnim yamoq ustimda janda.
Qiyomatda qilmas sharmanda,
Alloh sevsin, bandasi emas!

Bandasiga kerak pul, chiroy,
Xohishi yana osmondagi oy.

Shaytonlardek juda erkatoy,
Alloh sevsin, bandasi emas!

Foyda uchun sevadi koʻplar,
Yoki hurmat ochkolar toʻplar.
Muhabbatdan xabari yoʻqlar,
Alloh sevsin, bandasi emas!

Bugun boʻlsa qiyomat qoyim,
Balkim boʻlar jannatdan joyim.
Sevdim seni yolgʻiz Xudoyim,
Alloh sevsin, bandasi emas!

Mirzo boʻlsam, Alloh ishqida,
Yuzin koʻrsam, mahshar kunida.
Umrim ótib ketmay behuda,
Alloh sevsin, bandasi emas!!!

13: Yaxshilar poyiga poyandoz bo'lay!

Bering qancha g'amingiz barin olay,
Qalbingizga shodlik quvonchlar solay.
Yodingizda bir umr yaxshi bo'p qolay,
Yaxshilar poyiga poyandoz bo'lay!

Ko'zlarim yoshiga cho'milsam tongda,
Raqiblarim kutsa kunda har yonda.
Sarhadsiz savoblar qolmas zamonda,
Yaxshilar poyiga poyandoz bo'lay!

Ayolmi yo erkak katta-yu, kichik,
Yo'qolgan qalbida iymoni kemtik.
Bandamiz bizlar, gunohlar ayt nechuk,
Yaxshilar poyiga poyandoz bo'lay!

Tun-u kun ibodat, ilm xoqoni,
Asraydi bizlarni inson vijdoni.
Mirzo emas, bo'lay faqir sarboni,
Yaxshilar poyiga poyandoz bo'lay!

14: O'tgan kunlarni sog'indim...

Berolmas dosh, tugadi sabrim,

Endi chidab turolmayman jim.

Yoqmas sizga bilmadim balkim,

Oxunjonning ovozin sog'indim.

Kuylaridan kòngil erkalar,

Horgʻin taning oromga solar.

Yuragingdan dardingni olar,

Muhriddinning mehrin sog'indim.

Sózdan haykal tuzgan fidoiy,

Qòshiq bo'lgan yozsa ruboiy.

Ustoz bòlgan kichik, Navoiy,

Shoir Yusuf she'rin sog'indim.

Xonishlari bo'lgan betakror,

Topilmasdi óxshashi biror.

Hanuz hamon etadi xumor,

Setoraning o'zin sog'indim.

Qòshiqlari mashhur afsona,

Tinglar edi hamma hayrona.

Sig'dirmadi afsus zamona,

Nuriddinni cheksiz sog'indim.

Hofiz hamda sirli suxandon,

San'at bo'lgan vujudida jon.

Faxri bo'lgan shu Ózbekiston,

Shuhrat Qayumni men sog'indim.

Qani milliy asl musiqalar?

Tanovarni kim ham zo'r chalar?

Ushshoqlariga dillar órtanar,

Ma'murjonni juda sog'indim.

Rayhonlarni zo'r qòshiq qilgan,
Millionlarni oshiq qilgan.
Hozirda ham hayot bo'lgan,
Jòraxonlarni men sog'indim.

Ayol boshi birlan tor ko'targan,
Rahmat, olqish yana or ko'targan.
San'at ila cheksiz shon ko'targan,
Xorazmlik Olmaxonni sog'indim.

O'tgan kunlarni men sog'indim...
Asl O'zbeklikni sog'indim...

15: Ko'zda yoshim qalqib turibdi

Goho zarda ba'zida araz,
Fe'lim og'ir bilaman biroz.
Telbaligim o'zimgadir xos,
Ko'zda yoshim qalqib turibdi.

Yig'lay desam yoshim qolmadi,
Omad sira qòlim olmadi.
Aytishga ham tilim bormadi,
Ko'zda yoshim qalqib turibdi.

Charx aylanib o'zgargim keldi,
Oxiratim bezagim keldi.
O'zligimga keragim keldi,
Ko'zda yoshim qalqib turibdi.

Mirzo òzi andak telbaroq,

Sarxush bo'lsa gar xushyor biroq.

Kulishimdan yig'i ertaroq,

Ko'zda yoshim qalqib turibdi.

Dòstginamdan topganim tuhmat,

Ayturman jim betinim rahmat.

Kulib turib yig'lamoq qismat,

Ko'zimda yosh qalqib turibdi.

16: Qiyomat kun Allohimga ne deyman?!

Yaxshilar yaxshilik unutgan kunda,

Vafoni, xiyonat sotgan tunida.

Bilmam,umrimni uzoq yaqinida,

Qiyomat kun Allohimga ne deyman?!

Yòllarim to'la jaholat botqog'i,

Fahshdan qonmaydi sira hech chanqog'i.

Gunohimning cheki yoʻqdir adog'i,

Qiyomat kun Allohimga ne deyman?!

Nomiga ibodat, tavba tazarru,

Nomozda sajda-yu, soxtadir ru'ku.

Jahannamda yondirmasin mangu,

Qiyomat kun Allohimga ne deyman?!

Qaradim gunohlar qalab qo'yibman,

Haromdan yarashmas qorin qo'yibman.
Dunyo zahmatidan chunon tòyibman,
Qiyomat kun Allohimga ne deyman?!

Boshimga qo'nganda omad-u iqbol,
Tanamni tark ayladi jonim behol.
So'ramang siz ko'nglimni tangdir ahvol,
Qiyomat kun Allohimga ne deyman?!

Muftiysi, mullosi dunyo ilinji,
Uyqusiz tunda ham orom yoq tinchi.
Xudo deb emas osilgandir lunji,
Qiyomat kun Allohimga ne deyman?!

Tilayman o'zimga insofi to'zim,
Muxtasar aylayin yoqimsiz sòzim.
Ko'ring siz bir, yumay ochgancha kòzim,
Qiyomat kun Allohimga ne deyman?!

Shoyadki jonimni Jumada olsa,

Yaratgan kònglimga hidoyat solsa.

Telba Mirzo qani edi uyg'onsa,

Qiyomat kun Allohim rahm qilsa!!!

17: O'lmay turib do'stim, o'lishni o'rgan

Uyni buzmay avval qurishni o'rgan,
Gapdan avval sukut turishni o'rgan.
Kimlar kelib, kimlar ketmadi axir,
O'lmay turib do'stim,o'lishni o'rgan.

Zulmatda ziyo yoq shu'la timsoli,
Quyoshda soya yoq dòzax misoli.
Oqni sen ajratgin qaroliklardan,
Haq ko'zida bilib ko'rishni o'rgan .

Yoshing ketar qadari intihosiga,
Boqiy hayot sarhad ibtidosiga.
Kuyinma bu dunyo xil jafosiga,
Ketarga oq libos kiyishni o'rgan.

Dunyo deb atalgan ko'hna makkora,

Bandasin etadi kuyida ovvora.
Yaqinlashib kelar mahshar tobora,
Qiyomat kunida turishni o'rgan.

Do'stima ,do'stima ahvolim abgor,
Tashvish-u azobdan sochim bo'ldi qor.
Gunohim kechirgin, ey,parvardigor,
Shaytoniy holimga kulishni o'rgan.

Baribir borajak qabr joyimiz,
Titratsa ham qoyani xoku poyimiz.
Kelmasidan turib qazo oyimiz,
Mirzo sen o'lmasdan o'lishni o'rgan!

18: Izlama!!!

Ey, banda-yi sen ġofil,
Diyonatdan sòzlama.
Dil boshqa-yu til boshqa,
Muhabbatni kòzlama!

Tunda ham fisqi fujur,
Tongda ham fasod qusur.
Qilmaysan aslo shukur,
Sensan ikkiyuzlama!

Qalbda Allohni nomi,
Habaring yoqdir shomi.
Bor mazlum intiqomi,
Endi shafqat kòzlama!

Yòldan urasan jinni,

Ajratolmas lof- chinni.
Bulg'ab pokiza dinni,
Haqdan panoh izlama!

Dòst tutganing nobakor,
Sevganlaring jafokor.
Jonon topolmay biror,
Qo'ygil hamroh izlama!

Yòr topgin sen vafoli,
Hayo, sharm, iboli.
Toley kulgan, iqboli,
Yotdan qònoq izlama!

Bilmam, Mirzo asli kim?
Shoir, telba yo hechkim.
Parishonhotir balkim,
Qòygil meni izlama!!!

19: Manziling aniqdir, borishing tayin!

Dard ila bezalgan hamxonasida,
Yashaging kelmas bu zamonasida.
Bilmaysan ne kutar u dunyosida,
Manziling aniqdir, borishing tayin!

Ko'zlar ochilmoq chun yorilsinmi bosh?
Nahot yo'qdir bir aziz yaqin sirdosh?
Yo Qodir Alloh qancha qilayin bardosh?
Manziling aniqdir, borishing tayin!

Kun kelib, ketarmiz hammamiz mehmon,
Oxirat unutdir, unutdir ehson.
Tavba qil, sen ey g'ofil, ojiz inson,
Manziling aniqdir, borishing tayin!

Bas, yetar endi uyg'on sen g'aflatdan,
Joy olmasingdan o'tli Jahannamdan.
Ko'zni och, farqing qolmabdi shaytondan
Manziling aniqdir, borishing tayin!

20: Jaholat qariga botib ketyabmiz!

Samoviy, oraziy, turfa ko'rgilik
Kasbimiz osiylik, zino, o'g'rilik
Shaytoniy hislarga ishonib,ko'ndik
Jaholat qariga botib ketyabmiz.

Boshimizga yog'ilsa turfa balo,
Topilmasa nahotki malham davo,
Qachon ayladik bu dardga mubtalo,
Jaholat qariga botib ketyabmiz.

Vo ajab! Shaytonning malayi bo'lib,
Odamlar ketibdi kibrga to'lib,
Qalbimizda iymon gullari so'lib,
Jaholat qariga botib ketyabmiz.

Hattoki larzaga soldik arshni ham

Tavbalar etaylik, uzing qarzni ham
Savob-la bezaylik ohiratni ham
Jaholat qariga botib ketyabmiz.

Axtarma aybni sen o'zgadan Mirzo,
Xat bitib ostiga qo'yib-la imzo
Tirnasa qalbingni azobli nido
Jaholat qariga botib ketyabsan!!!

21: Qayga borayotirmiz?!

Qarang do'stlar vo ajab,
Qayga ketayotirmiz?
Qilib turlik rasvolik,
Qulab borayotirmiz!

Yigitlardan qochib or,
Nahot lafzga bo'lsak zor?
Zamonami yo aybdor?
Nurab borayotirmiz!

Yigit, yigitni sevsa,
Ayol libosin kiysa.
Ko'pdir shunday xunasa,
So'nib borayotirmiz!

Ota, qiz-la ishratda,

Ona-bola xilvatda.

Nimader qiyomatda?

Yonib borayotirmiz!

Qizin sotib otalar,

Etar kayf-u, safolar.

Tortmagaymu jafolar?

Ko'nib borayotirmiz!

Yoshi, katta yo kichik,

Nafsga botgandek kuchuk.

O'zbekmiz biz har nechuk,

O'lib borayotirmiz!

Garchi kelsa nafrating,

Qilsam seni g'iybating.

She'r-la ochib sirlaring,

To'lib borayotirmiz!

Nafs yengilar vaqt yetdi,
Kelmasdan xalq nafrati.
O'zingni yig' la'nati,
Kul bo'p borayotirmiz!

Hayot berahm asli,
Doim g'urbatning fasli.
Bizlar shahvat tufayli,
Kuyib borayotirmiz!

Man Mirzolar Mirzosi,
Jami g'amlar podshosi.
Eshitib xalq nidosi,
Yutib borayotirmiz!

22: Bilingki, bu dunyo sinov dunyodur!

O'kinmang! Tuxmat toshlari otilsa,

Siqilmang! Yaqinlar xiyonat qilsa.

Kuyunmang! Do'stingiz agar yov bo'lsa,

Bilingki, bu dunyo sinov dunyodur!

Shirin orzular ham bo'lganda poymol,

Tanangizni tark etsa ruh bemajol.

Qaddingiz bo'lganda misli qiylu qol,

Bilingki, bu dunyo sinov dunyodur!

Ayrilsang, otadan yohud onadan,

Bemahal ajralib, masrur boladan.

Charcharsan hatto ko'zdagi joladan,

Bilingki, bu dunyo sinov dunyodur!

Akalar ukasin aylasalar yod,

Singillar opadan etsalar faryod.
Yolg'onchi dunyoning yolg'oni bot-bot,
Bilingki, bu dunyo sinov dunyodur!

Qo'llarim qaltirar qalam tutgani,
So'zlarim ojizdir buni bitgani.
Mirzo ham majburdir alam yutgani,
Bilingki, bu dunyo sinov dunyodur!

23: Kettik, Jumaga do'stim!

Gunohlardan pok bo'lib,

Nur-u, rahmatga to'lib.

Qalbdan shaytonni yulib,

Kettik, Jumaga do'stim!

Haftada ulug' ayyom,

Olim-u, yoki avom.

Ezgulik izlab mudom,

Kettik, Jumaga do'stim!

Shaytonga berib zarba,

Nafsga uribsiz darra.

Qolmaydi gunoh zarra,

Kettik, Jumaga do'stim!

Olib qo'lga Joynomoz,

Masjidni etib e'zoz.
Taskin topgani biroz,
Kettik, Jumaga do'stim!

Olib tan-u, tahorat,
Din poklikdan iborat.
Topib qalbda jasorat,
Kettik, Jumaga do'stim!

Sayyidul Juma bugun,
Savobi behisob kun.
Qalbda yechilar tugun,
Kettik, Jumaga do'stim!

Juma deya pitirlab,
Kechir deya pichirlab.
O'tganlarni xotirlab,
Kettik, Jumaga do'stim!

Koyirlar ko'plar mani,
Osiy, gunoh bandani.
Qur'onni eshitgani,
Kettik, Jumaga do'stim!

Bugun barcha Malaklar,
Yozar ezgu tilaklar.
To'kilsin deb gunohlar,
Kettik, Jumaga do'stim!

Derlar to'rt Juma hoji,
Ibodatlar meroji.
Odam Ato merosi,
Kettik, Jumaga do'stim!

Tanir bo'lsangiz xatni,
O'qib sura A'hadni.

O'ylab qabr-lahatni,
Kettik, Jumaga do'stim!

Qur'on shifo-yu, Rahmon,
Qahf surasi nurjahon.
Haftada topib imkon,
Kettik, Jumaga do'stim!

Tavbangni qilgin Mirzo,
Qalbga to'ldirgin ziyo.
Qandayin sen bedavo,
Kettik, Jumaga do'stim!

Ibodat qilgin yig'lab,
O'y-hayolingni bog'lab.
Borgin kuchingni to'plab,
Kettik, Jumaga do'stim!

So'zni etgil muhtasar,

O'zingga solgin nazar.

Hudodan qo'rqib bashar,

Kettik, Jumaga do'stim!

24: O'zing asra Allohim!

Ko'zlarin etib lo'q -lo'q,

Lavzi bilan ishi yo'q.

Qilgan ishdan ko'ngli to'q,

Lavzsizlardan asragin!

Ishonch ila o'tdi kun,

Bedor bo'lib kun-u tun.

Nafsidir unga ustun,

Ma'lunlardan asragin!

Osmondagi va'dalar,

Avrab ko'nglingni olar.

Isbot etmay yo'qolar,

Shaytonlardan asragin!

Mirzo ismiga isnod,

Keltirar ba'zilar dod.

Bo'linglar ko'p ehtiyot,

Mirzolardan asragin!

Lavzi yo'q insonlardan,

Vijdonsiz ma'lunlardan.

Subutsiz shaytonlardan,

Yo-Rab! o'zing asragin!!!

25: Qismat

Dunyodan ham umidim katta edi,

Tilagim yoqmadi tilaksizlarga!

Xayolim namoz-u masjidda edi,

Iymonim yoqmadi iymonsizlarga!

Kurashdim beayov yolg'on g'iybat deb,

Bosqinim yoqmadi qurolsizlarga!

Oxiri ko'nikdim men qismatimga,

Qismatim yoqmadi yuraksizlarga!

Kuysam ham, yonsam ham hayotimda men,

Yonishim yoqmadi olovsizlarga!

Yolg'onni tan olsam g'oliblarcha men,

Masrurlik yoqmadi subutsizlarga!

Na kulishim yoqar, yoki yig'lashim,

She'rlarim ham yoqmas dushmanlarimga!

Savobim ham yoqmas, yoki gunohim,

Borligim yoqmadi keraksizlarga!

Yuzlarimda nim kulgu siz tufayli,

Duo eting yoki qarg'ish bo'lsa ham.

Mirzo tortgan g'amni tortsangiz mayli,

Quvonchim sig'masdi dunyolarga ham!!!

26: Makkaga bormoqchiman!

Qiyomatlik do'st topib,

Dilim shod etmoqchiman.

Razolatga siltab qo'l,

Makkaga bormoqchiman!

Borligim bir muammo,

Egnimda yirtiq joma.

Kambag'aldurman ammo,

Makkaga bormoqchiman!

Ishladim rahmat uchun,

Sarf etib sog'lik kuchim.

Oxiratimdir muhim,

Makkaga bormoqchiman!

Kimlar aldab musofir,

Kim nohaq kim landavur.
Sog'man shungayam shukr,
Makkaga bormoqchiman!

Nolimayman bergani,
Ollohim "bo'l" degani.
Telba demanglar mani,
Makkaga bormoqchiman!

Makka olamga mashhur,
Qalbing topadi huzur.
Iymon berdi ming shukr,
Makkaga bormoqchiman!

Obro' riyo uchunmas,
Shon-u shuhrat muhimmas.
O'z o'zimga qilib qasd,
Makkaga bormoqchiman!

Puli yo'q deb kulmanglar,
Ahvoli mandan tanglar.
Tushda botilni anglar,
Makkaga bormoqchiman!

Ohim yetsa Xudoga,
Ochdim qo'lim duoga.
Amr etgil Mirzoga,
Makkaga bormoqchiman!

27: Nafsim yomon nafsimdan!

Kam emasman hech kimdan,

Kuldi kimlar ustimdan,

Bilmay tushdim qay tundan,

Nafsim yomon nafsimdan!

Bozor,do'konmi barday,

Tun ham go'yo saharday,

Qishloq ham bir shaharday,

Nafsim yomon nafsimdan!

Osmon o'pgay binosi,

Ajab erur dunyosi,

Ko'z ko'r qilar zinosi,

Nafsim yomon nafsimdan!

Kimga yulduz kimga oy,

Kim boylik der kim chiroy,
Boylik mansab hoyna hoy,
Nafsim yomon nafsimdan!

Pitirlaydi tinch qo'ymay,
Oromiga hech to'ymay,
Buncha yaramas bay bay,
Nafsim yomon nafsimdan!

Uchta beshta to'ymaydi,
Hech holimga qo'ymaydi,
Asabimga o'ynaydi,
Nafsim yomon nafsimdan!

Yonin olsam erkalab,
Uyg'onar tong ertalab,
Bilmam nimadur talab,
Nafsim yomon nafsimdan!

Aniq jindek telbaman,
Qaysarligim bilaman,
Ehh, seni ne qilaman?
Nafsim yomon nafsimdan!

Necha yilki ko'ngil bo'sh,
Nima qilay, ayting xo'sh?
Ichib aytdi bitta qo'sh,
Nafsim yomon nafsimdan!

Mirzo nafsga erk berma,
Kerilib ko'krak kerma,
Keyin afsusda yurma,
Nafsing kuchli nafsingdan!

28: MUBORAK!!!

Ishonchim barbod etding,

Nafratim obod etding.

Pinhon orzuga yetding,

Shon-u, shuhrat muborak!

Inson sinoat jumboq,

Osiy bandadir gumroh.

Non tuzingni qilar oq,

Yangi xislat muborak!

Tishlar, non bergan qo'ling,

Chohga to'lgazar yo'ling.

Og'ritar chunon ko'ngling,

Azal qismat muborak!

Bilmadim qaysi millat,

Tayinsiz mavhum illat.
Shaytonga xos fazilat,
Qazo kulfat muborak!

Kuning o'tar ishratda,
Kimlar bilan xilvatda.
Uyalmaysan bir marta,
Yo'qolgan or muborak!

Senga ishonmay qo'ydim,
Yolg'ondan beshak to'ydim.
Dersan:"Pichoqsiz so'ydim",
Tortilgan dor muborak!

Senga har ne so'z bekor,
Na g'urur bor na-da or.
Shahvoniy nafs madadkor,
Nolayi zor muborak!

Aybi, nedur Mirzoni?

Kerakmi,senga joni?

Boqqani bor Xudoni!

Yozdi ash'or muborak!!!

29: Tushunmayman sizni odamlar!

Yuragimni o'rtadi g'amlar,
Goho chiqim ba'zida kamlar.
Armon endi yoqimli damlar,
Tushunmayman sizni odamlar!

To'y qilaman mavqeyimga mos,
Ulfat yaqin o'zligimga xos.
Shuncha dildan qilsam ham e'zoz,
Tushunmayman sizni odamlar!

Kiyim kiysam yilda bir yangi,
Tutib ketar dovrug'i dong'i.
Qalbni o'rtar dardimning changi,
Tushunmayman sizni odamlar!

Elga osh bersam men bir faqir,
Yeb bo'lib der: "Rasvo-yu, taxir".

Peshonam sho'r ekanku axir,
Tushunmayman sizni odamlar!

Pulsizman-u, berib turolmas,
Kulganimni chidab ko'rolmas.
Aybim nadur, ochiq aytolmas,
Tushunmayman sizni odamlar!

Xom o'rdimmi deyman arpasin,
Xushlamadim taklif ko'rpasin.
Yaratganni o'zi asrasin,
Tushunmayman sizni odamlar!

Tugab bitdi sabrlar sarson,
O'z holimga qo'ymaydi biron.
Mirzo etay desa ham mehmon,
Tushunmaydi sira odamlar!

Tushunmayman sizni odamlar!!!

30: Qarg'amang!!!

Og'ritsam garchi ko'ngil,
Qolib ketsa mendan dil.
Sabringiz sinib chil-chil,
Faqat, do'stim qarg'amang!

Gunohlarim turfa xil,
Ulug'lari ham sarxil.
Savodsizman, men baxil,
Himmat eting, qarg'amang!

Shundoq ham ko'ngil yarim,
Dard ustiga dardlarim.
Ko'rsangiz jigarlarim,
Bitta o'tinch, qarg'amang!

Kimga kerak quruq she'r,
Tuzuk odam bo'lgin der.
Denglar Alloh insof ber,
Faqat, meni qarg'amang!

Sizga nima kimligim,
Bisyorligim kamligim.
Hamyon quruq namligim,
Kavlang, faqat qarg'amang!

Tur to'gi Muso haqqi,
Surayu Niso haqqi.
Yagona Xudo haqqi,
Keling, faqat qarg'amang!

Yozdim sizga she'riy xat,
Toping unda sakinat.
Bo'lsinda ruhim zulmat,
Sira sassiz, qarg'amang!

Adadsizdirki savob,
Ka'bani etib tavof.
Berolmay qolmay javob,
Faqat, o'tinch, qarg'amang!

Bugun bir yorildimda,
Vijdon uyg'oq oldimda.

Sizni o'ylab toldimda,
Keling, endi qarg'amang!

Oting gardni daryoga,
Parvoz eting samoga.
Kulib turib Mirzoga,
Orqasidan qarg'amang!

Shoir Mirzo g'o'r Mirzo,
Dardga boydir zor mirzo.
Hatto yig'idan kulsa,
Mirzoni siz qarg'amang!

So'nggi o'tinch, qarg'amang!!!

31: Tushkunlikga tushmang odamlar!

Dilingiz og'risa dunyo ishidan
Kòngling qolsa ham yaqin kishidan
Halovat yòqolsa chayon nishidan
Tushkunlikga tushmang odamlar!

Yoringiz dóstingiz etsa hiyonat
Betinim qilishsa hitob malomat
Qiyomatdan zohir bo'lsa alomat
Tushkunlikga tushmang odamlar!

Kulganin kòrganda ridosizlarni
Allohga tavallo nidosizlarni
Asiri bo'lganda ham Xudosizlarni
Tushkunlikga tushmang odamlar!

Bir dayus ayoling etganda tahqir

Huzurdan zavqlanib turmangda ahir
Norozi bòlmasin Mutakabbir
E'tiborsiz sira turmang odamar!

Munofiq alloma bersa gar fatvo
Muftiylik mansabin qilganda davo
Ergashib siz ham bo'lib mubtalo
Tushkunlikga tushmang odamlar!

32: BAXTNI BILMADIM!

Do'stu dushmanlarni pulsiz sinadim,
Hayot sinovlariga so'zsiz chidadim.
Qanchalar egdilar sindirmoq uchun,
Yashadim, o'lmadim-baxtni bilmadim!

Sevganim qilmadi ayladi jafo,
Umrdek ekan u asli bevafo.
Bilmadim tug'ulib qildimmi xato,
Yig'ladim, kulmadim- baxtni bilmadim!

Yo'limda uchradi turfa janonlar,
Yuzida kulgu lek ichi ilonlar.
Azobidan titradi yursam tovonlar,
Sevmadim, suymadim-baxtni bilmadim!

Kunduzim tun ila almashib gohi,

Umr o'tib ketar behuda chog'i.
O'q kabi qadalgan raqib nigohi,
Kurashdim, yengildim-baxtni bilmadim!

Ba'zida arazdir, gohida gina,
Yoshim tinmadi bir zumgagina.
Beraqol azobing barchasin yana,
Yashashga keldimu- baxtni bilmadim!

Kunda ming bor o'lib ming tirilganda,
Peshonam qon bolib tosh urilganda.
Mirzoning qismati tekshirilganda,
Yashamay, yashadim-baxtni bilmadim!

33: Yig'lab turing

Ko'nglingizni gard bosmasin
Yurakni goh chog'lab turing
Ruhingizni dard yutmasin
O'z vaqtida yig'lab turing

Kimsa bilmas hilvatlarda
Gohi yolgiz fursatlarda
Farzu, sunnat nomozlarda
Duo qilib, yig'lab turing

Ranjisangiz ozorlardan
Oru ,iymon bozorlardan
Avf tilamay mozorlardan
Siz samimiy yig'lab turing.

Mirzo bo'lgin solih banda
Bo'lmay desang gar sharmanda
Gunohingni avf etsin Xudo
Ibodatda yig'lab turgin.

34: O'zing unut, o'zing top

Berib vadalar qop-qop

Zohiring pok nadur sof

Kerib ko'krak urmay lof

O'zing unut, o'zing top

Habaring yo'q bahor yoz

Emasdirsan fasli hos

Fitratingda yo'q ihlos

O'zing unut, o'zing top

Olgan sayqallar hushing

Befarq erur rost,tushing

Eslab andak o'tmishing

O'zing unut, o'zing top

So'zlagan har bir so'zing

Tasdiqlar haqdur ko'zing

Sayqali safo o'zing

O'zing unut, o'zing top

Boqgil samo ibratlan

Uchar yulduz fursatlan

Ketgaysan iymon bilan

O'zing unut, o'zing top

Qilma zinhor hatolik

Bo'lgin oliy baxolik

Topay desang Mirzolik

O'zing unut, o'zing top

35: Daydi hayol

Olib qochar hayollar meni
O'tdan olib, suvga soladi
Bilolmadim izlayman neni
Soyamga ham soya soladi

Bilolmadim dunyolari yot
Topilmadi zarra bir najot
O'zligimni unutdim hayhot
Yuragimga armon to'ladi

Yoshim ketar, yoshlarim qurib
Mehr zorman ummonda turib
O'z holimga goh yig'lab kulib
Faqat Alloh aytgan bo'ladi

Mirzo bo'lsa kerak telbaroq
Yurar holi aftoda biroq
Bilmas o'zi nima yaxshiroq
Gunoh ketsa savob qoladi

36: Ilohiy san'at

Qoplab olar qalbimni hasrat

Toshar bilmam neuchun nafrat

Yer yuzida ishonchim faqat

Alloh bergan ilohiy san'at

Gohi tunlar bedor bo'lganda

Hech ilojsiz, nochor qolganda

Yaqinlarim o'zin olganda

Hamroh bo'ldi ilohiy san'at

Yuzda kulgu,qo'llarda hanjar

Kulib turib yurakka sanchar

Bemajol men yig'lasam agar

Shodlik bo'ldi ilohiy san'at

Mahzun tinglab "Choli iroqni"

Sehri tortar hamon "Ushshoqni"
Hamroh etib "Buzrukgohni"
Habib bo'ldi ilohiy san'at

Kunim ketar intihosiga
Yangi hayot ibtidosiga
Aylantirib fuqarosiga
Asir etdi ilohiy san'at

Yuragimni hijronda ortab
Olma jonim, bevisol yo rab
Ajr bergan ahloqga qarab
Mirzo etdi ilohiy san'at

www.ingramcontent.com/pod-product-compliance
Lightning Source LLC
LaVergne TN
LVHW010558070526
838199LV00063BA/5006